Table des matières

INTRODUCTION

C'est un tel plaisir de voir des fleurs fleurir dans le jardin qu'il est souvent difficile de les couper pour les ramener à l'intérieur. C'est la beauté d'un jardin de coupe désigné. Trouvez un endroit ensoleillé dans votre jardin et remplissez-le de plantes cultivées pour être coupées. Ensuite, traitez votre jardin de coupe comme votre source privée de fleurs pour les bouquets pour égayer vos espaces intérieurs.

Vous pensez qu'il ne vous reste plus de place pour un nouveau jardin, même s'il est caché ? Que diriez-vous de concevoir quelques rangées de fleurs dans votre potager. C'est un gagnant-gagnant. Vous obtenez des fleurs à couper et les fleurs attireront plus de consommateurs vers vos légumes.

Les jardins de fleurs coupées peuvent être construits de différentes manières pour répondre aux besoins et aux désirs d'un jardinier. Ils peuvent être de simples lits de jardin où les plantes avec des fleurs durables peuvent pousser ou ils peuvent être plus grands, plus élaborés. des espaces avec diverses fleurs et structures pour soutenir les fleurs à longues tiges. Convertir des bes déjà existants en un espace de fleurs coupées est le moyen le plus simple de commencer. Utiliser de l'espace supplémentaire dans un potager est une autre stratégie qui permet de gagner du temps.

Peu importe le pneu du jardin de fleurs coupées que vous construisez, le choix d'un site ensoleillé contribuera à assurer le succès car la plupart des fleurs coupées nécessitent un minimum de six heures de soleil chaque jour. La création d'un espace de jardin dédié à la culture de fleurs coupées vous permettra de couper ces fleurs sans vous sentir coupable d'enlever trop de fleurs d'autres jardins.

CHAPITRE UN

Qu'est-ce que le jardinage ?

Le jardinage peut être considéré à la fois comme un art, soucieux d'arranger harmonieusement les plantes dans leur environnement, et comme une idée. ce, englobant les principes et les techniques de culture des fourmis. Parce que les plantes sont souvent cultivées dans des conditions différentes de celles de leur environnement naturel, il est nécessaire d'adapter au mieux leurs techniques de culture. les idées sont dérivées de la phytologie, de la chimie et de la botanique, modifiées par l'expérience du planteur. Les principes de base impliqués dans la culture des plantes sont les mêmes dans toutes les parties du monde, mais la méthode a naturellement besoin de beaucoup d'ajustement aux conditions locales.

La nature du jardinage

Le jardinage dans son sens ornemental a besoin d'un certain niveau de civilisation avant de pouvoir s'épanouir. Partout où ce niveau a été atteint, dans toutes les parties du monde et à toutes les époques, les gens se sont efforcés de partager leur environnement dans un affichage attrayant. L'instinct et même l'enthousiasme pour le jardinage semblent donc provenir de quelque chose de réceptif à la nature, engendrant un souhait de produire de la croissance et de l'harmonie dans un esprit réticent. Il est possible d'être simplement un spectateur admiratif des jardins. Cependant, la plupart des gens qui cultivent un plan domestique tirent également satisfaction de leur implication dans le processus d'entretien des plantes s. Ils trouvent que l'attention nécessaire aux changements saisonniers, et à la myriade de petits "événements" dans n'importe quel buisson ou herbacée l'ordre, améliore leur compréhension et leur arrestation des jardins en général. Une poussée phénoménale d'intérêt pour le jardinage a commencé dans les pays occidentaux après la Seconde Guerre mondiale. Une pelouse avec des parterres de fleurs et peut-être un potager est devenue un avantage recherché pour le propriétaire. L'intérêt accru a produit une expansion sans précédent des affaires parmi les marchands horticoles, les pépinières, les jardiniers res, et seedsmen. Les livres, les revues et les nouvelles chroniques sur la pratique du jardinage ont trouvé un lecteur avide, tandis que les émissions de télévision et de radio sur le sujet ont des cendres. j'ai eu une suite dédiée. Plusieurs raisons à cette extension se suggèrent. L'augmentation des loisirs dans les pays industriels donne à plus de gens la possibilité de profiter de cette activité relaxante. L'augmentation du public qui se suffit à lui-même dans les compétences de base encourage également les gens à prendre leur place. Dans la cuisine, la pomme de terre ou l'épi de maïs doux récompense le jardinier avec un sens de l'accomplissement, ainsi qu'avec une saveur produit acheté en magasin. Une prise de conscience accrue des menaces pour l'environnement naturel et de la grisaille de nombreux sites intérieurs incite certaines personnes à cultiver la verdure et la couleur autour de leurs propres portes. L'agitation de la vie du 20ème siècle conduit plus d'individus à redécouvrir la tranquillité séculaire des jardins.

Qu'est-ce qu'un jardin de fleurs ?

La réponse évidente est qu'un jardin de fleurs est une parcelle de terrain où les fleurs sont cultivées et affichées. Les jardins de fleurs sont généralement produits dans le but de procurer un plaisir visuel et aromatique, offrant aux jardiniers un environnement serein et relaxant. onment à arrêter et à prendre en charge pendant leur temps libre. Il existe de nombreux types de jardins. Les jardins de légumes, de fruits et d'herbes aromatiques sont organisés pour produire des produits sains et nutritifs qui non seulement permettent aux propriétaires d'économiser de l'argent à l'épicerie ope mais offre une variété saine, (bonne) biologique et délicieuse d'aliments frais à savourer tout au long de la saison de croissance. Un jardin de fleurs, en revanche, est cultivé pour des raisons moins pratiques mais tout aussi importantes. Souvent, les jardiniers passionnés placent des jardins de légumes, de fruits et d'herbes aromatiques cachés dans l'arrière-cour, avec en retour un petit lit dédié à o des fleurs en croissance qui sont bonnes pour s'attacher et prendre des arrangements avec ou donner en cadeau. Ceux-ci sont appelés jardins coupants. Les jardins de fleurs sont généralement exposés dans la cour avant, pour que tout le monde puisse les voir et les admirer en conséquence.

OUTILS DE JARDINAGE FLEURI DU COMMERCE

Chaque jardinier a besoin d'outils pour faire le travail. La trousse à outils essentielle du jardinier devrait être construite avec le temps d'inclure éventuellement les éléments suivants :

- Couteau de sol pour planter des bulbes, des herbes, des fleurs et des légumes, pour diviser les plantes, enlever les pierres, déterrer les mauvaises herbes, nettoyer ks, couper la ficelle, et bien plus encore.

- Houe de jardin pour désherber de grandes surfaces, enlever les racines indésirables et creuser des tranchées.

- Spade ou pelle pour creuser et retourner le jardin.

- Sécateur pour tailler les plantes, tuer et enlever les branches et les tiges endommagées ou indésirables.

- Tuyau d'arrosage pour l'irrigation.

- Il y a été ou un outil pour le fait que ce soit le tout comme le fait que la façon dont il est possible de réaliser des p p p p p p p p p p a-t-il à nouveau.

- Brouette pour transporter de la terre et d'autres matériaux de jardin.

- Râteau à feuilles pour ramasser les feuilles, l'herbe, les brindilles et autres débris légers.

- Râteau à arc pour niveler le sol et épandre des matériaux, tels que le paillis, le gravier, le sable, etc. Également utilisé pour enlever les gros débris du jardin.

- Scie à élaguer pour enlever les branches qui sont trop grosses pour les cisailles ou les élagueurs.

- Brise-eau pour tremper les plantes établies et arroser doucement les nouvelles.

- Ciseaux pour écraser et couper les plantes à tige molle, telles que les herbes, pour couper les ficelles et amincir les plantes , etc.

- Transplanter une pelle pour creuser des trous dans les zones serrées d'un lit de jardin.

- Fourche à creuser pour retourner et labourer le sol non travaillé, mélanger les amendements, briser les mottes, etc.

- Gants en cuir très résistants pour les travaux difficiles, tels que creuser des trous, transporter du bois de chauffage, nettoyer les broussailles, etc.

- Gants synthétiques lavables pour l'entretien général, la mort, la manipulation des semences, le désherbage, etc.

- Gants en coton recouverts de nitrile ou de caoutchouc pour les travaux humides et sales, tels que piquer vos feuilles, planter des arbustes ou traiter avec des plantes épineuses fourmis et sasti.

- Protège-bras pour tailler les arbustes ou manipuler tout type de plante qui peut irriter la peau.

LA PLANIFICATION REND PARFAIT POUR VOTRE JARDIN DE FLEURS

Planifier la façon dont vous aimeriez voir votre jardin aménagé est l'une des choses les plus importantes que vous puissiez faire lors de l'aménagement d'un nouveau jardin. Décidez quel type de jardin vous voulez et où sur votre propriété vous aimeriez le mettre. Ensuite, décidez quelles plantes vous voulez faire pousser à cet endroit. Une fois que vous avez tout tracé, il suffit d'acheter les graines ou les semis et de mettre le plan en action. Lorsque vous choisissez un emplacement, essayez d'en choisir un qui a beaucoup d'exposition au soleil.

TRAVAILLER LE SOL

Une fois que vous avez choisi un emplacement, vous voudrez prendre une longueur d'avance sur les choses en commençant à travailler le sol dans la zone que vous avez sélectionnée . Il y a beaucoup de travail qui consiste à préparer le sol, alors allez-y et salissez-vous les mains dès que possible en nettoyant sonner toutes les mauvaises herbes, les plantes indésirables, les roches et autres débris de la zone dès le départ. Tout le gazon doit disparaître, alors déterrez-le complètement et écartez-le. Si vous avez des endroits inégaux dans votre pelouse en dehors de la zone que vous avez choisie pour commencer votre jardin, n'hésitez pas à transplanter une partie du gazon que vous avez choisi. vous quittez votre jardin pour vous rendre aux endroits inégaux pour essayer de combler les points chauves de votre pelouse . Une fois que vous avez nettoyé la zone où vous prévoyez de construire vos lits, il est temps de construire les lits eux-mêmes et de modifier le sol pour l'optimiser pour la croissance. Pour construire les lits, vous avez deux options. Vous devrez soit enlever la couche supérieure de gazon, puis déterrer et modifier le sol en dessous, soit vous devrez construire un lit surélevé.

Des kits de lits surélevés peuvent être achetés dans la plupart des centres de jardinage ou des crèches, mais vous pouvez également consulter un tutoriel en ligne et en construire un vous-même. f si vous êtes du genre marteau et clou. Modifiez votre sol dès le départ en ajoutant beaucoup de matière organique. Les organes ont besoin de temps pour se décomposer et se décomposer de toute façon, alors mettez-vous tôt dans ces lits et obtenez des choses saines dans le mélange. D'excellentes options pour modifier votre sol, y compris les feuilles en décomposition, les coupes d'herbe, le fumier et la cuisine. Le moment idéal pour labourer votre lit et modifier le sol est lorsque le sol est chaud et légèrement humide. Le sol doit être d'une consistance qui n'est pas trop humide mais pas trop sèche. Vous devriez être capable de former une boule de terre lâche avec votre poing qui se brise lorsque vous la laissez tomber au sol.

CARTEZ-LE

Les lits de jardin, peu importe le nombre que vous avez ou leur taille, sont toujours une quantité finie d'espace. Que vous soyez un débutant ou un pouce vert chevronné, marquer le placement de vos sélections de fleurs est la meilleure façon de maximiser l'espace vous avez à disposition et la meilleure façon d'avoir une idée de la façon dont vous voulez que tout votre travail acharné et votre énergie aient l'air quand tout est dit et fait. Lorsque vous dessinez votre jardin, gardez à l'esprit la taille des fleurs que vous sélectionnez. Voulez-vous encadrer les plus grandes fleurs avec des rangées de fleurs plus petites à l'extérieur afin que les plus petites reçoivent beaucoup de lumière du soleil ? Oui, c'est probablement un bon appel. C'est aussi un bon moment pour réfléchir à la façon dont vous voulez utiliser la couleur. Le blanc et le jaune sont d'excellentes couleurs de fond pour attirer l'attention. Vous pouvez alors choisir une couleur plus vive, comme le bleu, le rouge ou le violet, pour jouer le rôle principal. Ex: Construisez un lit magnifique avec un champ blanc avec des éclairs ou du rouge ou un champ jaune avec des taches violettes. Vous pouvez également utiliser un schéma à deux ou trois couleurs pour un effet époustouflant. Il y a une chose importante à garder à l'esprit lors de la sélection des fleurs. Vous aurez besoin de choisir des fleurs qui ont des préférences de conditions de croissance très similaires afin qu'elles puissent facilement partager les meilleures. Heureusement, il y a des tonnes de fleurs parmi lesquelles choisir. Les nombreuses combinaisons éprouvées qui existent pour choisir entre vous permettent beaucoup d'alimentation et de créativité quand il est temps de risquer le des fleurs pour votre nouveau jardin fleuri.

PLANTER, NOURRIR ET PROFITER DES FLEURS EN CROISSANCE

Si vous savez à quoi vous voulez que votre jardin ressemble, il est temps d'orniérer le jardin dans le jardin. Dès que le moment est venu de planter vos fleurs (ce qui est généralement au début du printemps ou à l'automne avec la plupart des types de fleurs), obtenez-les dans le sol, puis fournissez une fertilisation et un arrosage appropriés. Une fois que vos plantes sont établies et que vos fleurs commencent à fleurir, assurez-vous de passer du temps à profiter de ce que vous avez créé. Créer et entretenir un beau jardin est une forme d'art, et c'est beaucoup de travail. Ceux qui mettent du temps et des efforts pour planter et entretenir des fleurs devraient toujours prendre le temps d'apprécier un travail bien fait.

Le domaine varié du jardinage

Les attraits du jardinage sont nombreux et variés et, dans une certaine mesure, parmi les métiers et l'artisanat, ils peuvent être ressentis par n'importe qui. âge grour et à tous les niveaux d'ambition. Dans sa forme la plus élémentaire, mais non des moindres, l'expérience de jardinage commence avec la merveille de l'enfant qu'une poignée de graines produira un ch fête d'armement de la couleur. Au niveau adulte, cela peut être aussi simple que d'aider à élever une bonne et comestible carotte, et cela peut donner lieu à des pertes presque partielles. rouler. À des niveaux d'appréciation plus élevés, cela implique une compréhension de la complexité du processus de jardinage, à une partie d'échecs avec la nature, parce que les variables sont C'est tout. L'expérience de jardinage peut impliquer la visite de certains des grands jardins du monde à différentes saisons pour voir la relation entre les individus. plantes, arbres et arbustes à l'ensemble de la conception; étudier la position des plantes en fonction de leur couleur, de leur texture et du poids de la feuille ou de la fleur ; et pour apprécier l'utilisation de caractéristiques particulières telles que les étangs ou les cours d'eau, les pavillons ou les rochers. La visite de jardin à l'échelle internationale fournit une arrtunité pour comprendre les grandes influences culturelles, ainsi que les différentes des actions dans le climat et le sol, qui ont abouti à tant d'approches différentes pour la création de jardins. L'attrait du jardinage est donc multiforme et large. Le jardin est souvent le seul endroit où quelqu'un sans entraînement particulier peut exercer des impulsions déterminées à sa guise, observateur technique, technique et scientifique. De plus, beaucoup trouvent que c'est une poursuite relaxante et thérapeutique. Il n'est pas surprenant que le jardin, selon la réponse, fasse partie de la nature et soit un lieu de contemplation. al place dans la vie spirituelle de l'homme. Les aspects pratiques et spirituels du jardinage sont présentés dans une littérature impressionnante. Dans les pays occidentaux, les manuels d'instruction datent de la classique Grese et de Rome. Les images de plantes et de jardins sont abondantes dans les travaux des grands projets, de Virgil à Shakespeare, en passant par certains des plus modernes. Un autre des attraits du jardinage est que jusqu'à un certain niveau, c'est un métier simple à apprendre. Le débutant peut produire des résultats satisfaisants sans les études et la pratique rigoureuses requises par, par exemple, la peinture ou r musique. Les jardins sont également indulgents pour les inexpérimentés dans une certaine mesure. L'exubérance de la nature couvrira vos erreurs mineures ou vos courtes périodes de négligence, donc le jardinage est un art pratiqué de manière relativement non jugée Ambiance mentale. Bien que tolérante dans de nombreux cas, la nature le fait, cependant, rappelle fermement que tout jardinage se déroule dans un cadre naturel. al loi; et un aspect important de l'étude du métier est d'apprendre lesquelles de ces règles primordiales sont des impératifs et lesquelles peuvent être étirées.

Contrôle et surveillance

Les grands domaines du développement et de la maîtrise du jardinage se sont concentrés sur le fait de persuader les plantes d'accomplir ce qu'elles n'auraient pas fait si elles avaient été laissées à l'état sauvage. et donc état "naturel". Les jardins ont toujours été créés grâce à beaucoup de contrôle et à ce que l'on pourrait appeler des interférences. Le jardinier assiste à un certain nombre de processus de base : lutter contre les mauvaises herbes et les parasites ;

utiliser l'espace pour apaiser la concurrence entre les plantes ; assister à l'alimentation, à l'abreuvement et à la course ; et conditionner le sol. Au-dessus de ce niveau fondamental, le jardinier évalue et s'adapte au complexe excessif de température, de vent, de précipitations, d'ensoleillement et d'ombre. trouvé dans les limites de son propre jardin. Une grande partie de la fascination du jardinage est que dans les problèmes et peut-être aucun jardin n'est comme un autre; et c'est en trouvant les solutions les plus imaginatives aux défis que le jardinier fait preuve d'art et trouve les niveaux de satisfaction les plus subtils. factice. Différentes esthétiques nécessitent différents équilibres entre le contrôle de la nature et la coopération avec ses exigences. Le degré de contrôle dépend de l'objectif du jardinier, du thème et de l'identité qu'il cherche à créer. Par exemple, le style de jardinage anglais des bois sauvages au milieu du 19e siècle s'est débarrassé des contrôles après la plantation, et de toute interférence, h comme taille, aurait été mal placé. À l'autre extrême se trouve le jardin de paysage sec de Jaranese, magnifiquement composé de roches et de cailloux ratissés. Le contrôle artistique dans cette nature de jardin est si ferme et raffiné que l'intrusion d'une seule mauvaise herbe "naturelle" gâcherait l'effet.

Types de fleurs

Fleurs pour le potager

Introduire des fleurs dans un potager a des avantages qui vont au-delà de la simple beauté. Les fleurs peuvent être utilisées dans la plantation combinée pour aider à dissuader les parasites et attirer les pollinisateurs bénéfiques. L'interprétation permet également d'économiser de l'espace et du temps, car vous pouvez grandir et avoir tendance à avoir plus de vos plantes en un seul endroit. Même sans avantages complémentaires, le potager est un endroit agréable pour planter des fleurs destinées à être coupées. Vous pouvez les snir pendant que vous sélectionnez des légumes pour le dîner. Voici neuf des meilleures fleurs pour ajouter une nouvelle dimension à votre potager.

Bourrache (Bureau Bourrache)

La bourrache se développe en un large ganglu rlant qui est adorable dans un jardin, bien qu'il puisse être quelque peu compliqué dans des contextes plus formels. C'est une herbe qui trouve sa place dans un potager. Les fleurs sont un phare pour les abeilles et un délice pour les jardiniers. Ses feuilles et ses fleurs sont comestibles avec une saveur subtile. La plante a une croissance rapide et peut être directement semée dans le sol. Après cela, il a tendance à se reprendre. Certaines fleurs sont roses et d'autres bleues. La lumière, la température et d'autres conditions externes enregistrent cette variation de couleur. Une théorie est que la couleur change du rose au bleu au fur et à mesure que les fleurs sont et perdent leur pollen. vaut plus leurs efforts. Pulmonaire, qui est dans la même famille, fait cela avec ses fleurs.

Pot Souci (Calendula officinalis)

Le calendula, ou pat marigolds, fait partie de la famille des marguerites et n'est pas lié aux margolds du genre Tagetes. Les soucis en pot sont considérés comme une fleur comestible, bien qu'ils aient une saveur principalement amère. C'est leur couleur orangée brillante qui égaye une assiette. Dans le jardin, le calendula est une bénédiction mitigée. Il s'agit de certains parasites, tels que les coléoptères de l'asperge et les sphinx de la tomate. Mais il attire également quelques autres, y compris les arhides. Ne laissez pas cela vous décourager. Vous pouvez utiliser la fleur comme trar cror, en la mettant de l'autre côté du potager loin des plantes qui attaquent souvent, tel que peu.

Cosmos (Cosmos bipinnatus)

Peu de fleurs poussent aussi facilement et fleurissent aussi abondamment que cosmos. Et ces fleurs peuvent être utilisées de manière pratique dans le potager, car elles attirent de nombreux insectes utiles. Par exemple, si vous voulez dessiner des laçages verts, choisissez une variété blanche ou orange vif, telle que "Cosmic Orange". Les ailes vertes sont des mangeurs voraces, aspirant toutes sortes d'insectes à corps mou, y compris les arhids, les écailles et les thri s. Ainsi, ils sont considérés comme un insecte bénéfique, et les rendre à la maison dans votre potager aidera à prévenir les problèmes de ravageurs.

Lavande

Il n'est pas difficile de trouver une raison de planter de la lavande. En plus de ses belles fleurs et de son parfum très apprécié, l'herbe peut être utilisée pour éliminer plusieurs parasites communs du jardin potager. Les cerfs ont tendance à l'éviter, ainsi que de nombreux inconvénients, y compris les tiques. Bien sûr, avoir de la lavande autour ne garantit pas qu'une tique ne vous piquera pas, mais cela devrait réduire le nombre de tiques dans la région. ment, les papillons de nuit, y compris ceux qui reskient la teigne verte du chou, trouvent également le parfum offensant . Même les souris trouvent généralement quelque part ailleurs pour grignoter.

Les mariés n'obtiennent pas le repos qu'ils méritent. Ils dissuadent les parasites au-dessus et au-dessous du sol, et ils ont fière allure. Entourez votre jardin de plantes de souci, et les lapins réfléchiront à deux fois avant de franchir la ligne. De plus, confondez les coléoptères mexicains des haricots en intercalant des marigolds avec des plants de haricots dans votre potager. Marigoolds a également été crédité d'avoir repoussé certains bugs, thryps, vers de la tomate et mouches blanches. Certains soucis exsudent même un produit chimique qui tue les nématodes des racines dans le sol. Cependant, si les nématodes sont un problème, vous devrez laisser les racines de marigold dans le sol à la fin de la saison.

Capucine (Troraeolum majus)

Les capucines joyeuses préfèrent les températures plus fraîches et continuent de fleurir jusqu'à l'automne. Les capucines offrent une certaine protection contre les insectes et les coléoptères. Ils sont également favorisés par les arhides et font une grande différence. Mais elles font partie des fleurs (et des feuilles) comestibles les plus délicieuses, alors ne les sacrifiez pas toutes aux insectes. Les graines sont grosses et faciles à récolter pour les replanter la saison prochaine. De nombreuses variétés se sèmeront d'elles-mêmes. Plantez les graines après les avoir d'abord scarifiées (en les entaillant ou en les frottant avec du sable) pour aider à leur germination. Ou vous pouvez essayer de les transformer en sares de capucine.

Tournesol (Helanthus annuus)

Les tournesols sont une fleur idéale pour le potager. Ils font de grands treillis pour les plantes grimpantes, et ils ont beaucoup de nectar pour attirer les pollinisateurs. Malheureusement, les tournesols ont aussi tendance à attirer les graines, ce qui peut être un problème si vous les cultivez pour conserver les graines. Cependant, un légume à feuilles grossières, comme le sduash, planté sous les tournesols peut faire beaucoup pour dissuader les animaux.

Pois de senteur (Lathurus Odoratus)

Les fruits sucrés ne sont pas comestibles pour les humains (les graines sont rares), mais les autres les trouvent délicieux. Donc, si vous avez du mal à les garder dans votre jardin de fleurs, les planter dans un potager protesté est une alternative. Cultiver des pois sucrés avec de grands pois comestibles et des haricots est un moyen de les faire entrer dans le jardin et de profiter de l'attrait plus de rouleurs à vos haricots. Ils ne seront pas croisés avec les raisons comestibles, car ils appartiennent à différents genres.

Aspect floral traditionnel

Si, d'autre part, vous aimez le look d'une fleur bien structurée ou d'un design traditionnel, vous pouvez toujours ajouter un peu d'intérêt et une couleur ou une texture inhabituelle à vous notre arrêt d'épicerie. Ces variétés sont des fleurs coupées éprouvées et vraies, ravissant des générations de jardiniers et peut-être aussi. Pourquoi ne pas essayer des fleurs coupées traditionnelles avec un peu de touche locale ?

Dianthus

Les fleurs de la famille des danthus sont également connues sous le nom de roses, de doux William et de carnations. Dithus en général font d'excellentes fleurs coupées, et de nombreuses variétés de carnation ont un beau parfum en plus d'un parfum extraordinaire. Il a une longue durée de vie. Les dianthus sont en grande partie faciles à cultiver et existent dans une très grande variété de couleurs et de textures. Ajoutez un peu d'herbe de jardin à votre décoration de table, faites-vous une boutonnière ou ajoutez un parfum à l'ancienne à votre épicerie sans parfum. X.

Aimantainsi

Gracieuse et élégante, elle ressemble donc à une version plus douce d'une rose. Aussi connu sous le nom d'eustoma, le lisianthus pousse nativement dans les régions chaudes d'Amérique. Ils viennent dans toutes les nuances de blanc, rose, rurple et même rose et beurre. La variété bleue a des bourgeons blancs verdâtres qui se transforment lentement en violet royal. Ainsi, faire d'excellentes fleurs coupées et peut durer jusqu'à deux semaines dans un vase s'il est entretenu correctement.

Dans le traditionnel Vistorian floriograrhu, lisant signifie « arrestation ». De plus en plus de légumes dans votre jardin de coupe la saison prochaine !

Porru

Les coquelicots sont quelques-uns des spectacles les plus spectaculaires du jardin, et heureusement, de nombreuses variétés de travaux de porru sont aussi bien coupées que sur la plante. Les coquelicots peuvent varier du plus simple au plus complexe, sont disponibles dans des tailles allant du plus petit au plus grand et peuvent ressembler à des personnes ou à des carnations. Les options de nombreuses options sont également d'excellents ajouts pour couper les arrangements. Selon la variété, les rorries ont des centres sombres ou jaunes et peuvent venir dans des couleurs allant du blanc / crème / pêche / jaune / orange et le famille rose / rouge / violet foncé. Envisagez de planter des coquelicots pour ajouter de la couleur, de la taille et de la texture à votre jardin et à votre table. Рону Poppies, Beadseeed Poppies et Shirley Poppies sont tous d'excellents ajouts à un jardin de coupe.

Stosk

Sous-estimé et charmant, le nom peu attrayant du stock pense à une belle fleur de ligne avec un parfum incroyable. Le stock, connu sous le nom de girofle au Royaume-Uni, constitue un excellent ajout parfumé à un arrangement sut et se décline dans des tons de blanc, crème, un rouge, rose, magenta et violet. Le stock pousse mieux dans les climats plus frais, attire les papillons et les bêtes, et est plus résistant.

Tournesol

Les tournesols sont cultivés depuis longtemps pour leurs graines (consommation de graines et d'huile à base de graines), mais les tournesols manu sont très voyants et beaux. fleurs utiles qui sont excellentes dans un arrangement sut. Les tournesols sont nains (courts) et grands (jusqu'à 16 pieds de haut dans des variétés géantes) et varient en couleur pour le centre et les pétales : s, oranges, rouges, rouilles et même brun cramoisi. Certains tournesols sont bicolores; d'autres ont des pétales ou des centres inhabituellement texturés. Les petites fleurs sont excellentes pour les arrangements mixtes, et les arrangements monobotaniques peuvent également être étonnants. Les tournesols ont besoin du plein soleil pour prospérer.

Zinnia

Zinn est disponible en plusieurs parts, tailles et couleurs, et les fleurs peuvent varier énormément de petites et simples à énormes et complexes. Certains zinni ressemblent à des dahlis ou à des sabisosa, tandis que d'autres rivalisent avec les tournesols pour la hauteur et la taille. Le zinc peut être blanc, clair, jaune, orange, rouge, rose, violet, multicolore, panaché ou même vert citron vif ! Ils sont faciles à cultiver, résistants à la chaleur et à la sécheresse et résistants aux cerfs. La plupart des zinnis fleurissent continuellement pendant une longue saison de croissance estivale et automnale, et se mélangent bien avec d'autres fleurs traditionnelles dans un arrangement maison. .

Aspect jardin

Les Victoriens avaient des idées intéressantes sur beaucoup de choses, mais leur esthétique de jardin est toujours populaire pour une très bonne raison. Une esthétique florale de style jardin est également très populaire dans la conception florale de mariage. Ce sont des fleurs qui rappellent une comtesse douairière qui se trouve dans un concours horticole de pays, ou un jardin d'état colonial.

Anémone

Éthéré et captivant, l'anémone, une éternelle, fait un bel ajout à un arrangement de style jardin ou à un lit de jardin de style victorien. Aussi connu sous le nom de girofle, les anémones viennent dans de belles nuances de blanc et de rose, et ont une durée de vie en vase. Les plantes sont résistantes aux cerfs et aux lapins et faciles à cultiver, se propageant via les stolons souterrains. Les anémones préfèrent l'ombre légère dans la plupart des climats, mais peuvent tolérer le plein soleil dans des climats plus doux et poussent bien dans les paysages côtiers.

Delrinium

La fleur ultime pour un look de jardin cottage, le delphinium pousse dans les variétés naines et hautes, produisant de longues tiges de belles fleurs à l'ombre du blanc au rose au violet et une variété de bleus. Les delphiniums peuvent supporter le plein soleil ou mi-ombre et préfèrent les sols les plus mous. Ils sont la fleur idéale pour un aménagement de jardin et constituent un ajout remarquable à un chalet ou à un jardin de style campagnard.

Scaбiosa

La scaбioca, ou la fleur en coussin, apporte une fase délicate mais voyante à votre jardin de chalet. Les fleurs ont une longue durée de vie et vont du blanc au rose en passant par un bleu-violet clair. Les ssabíossas sont des reliquats et une fois qu'ils ont fleuri, les tiges restantes ont une texture intéressante et une couleur qui fournit une couleur de gr rouille neutre een-brown pour mettre en valeur des couleurs plus vives ou blanches dans un arrangement ou un bouquet de style jardin. Les ssabios sont faciles à cultiver et attirent les abeilles et les papillons.

Petits pois

Les fleurs douces sont une fleur de jardin Victorian classique, une vigne en fleurs qui grimpe sur les clôtures, les treillis ou les tonnelles et se répand sur les arbustes. Les pois de senteur ont des parfums enchanteurs, certains dans une grande variété de couleurs, y compris le blanc, la crème, le rose, le saumon, l'orange, le violet, le rouge, le b colorés, et même bleus, et faites un bel ajout supplémentaire sauvage à un bouquet de jardin ou arrangement. Les pois sucrés, bien que délicats, durent longtemps lorsqu'ils sont coupés et constituent un excellent moyen d'apporter ce parfum capiteux dans votre maison.

Poker chaud rouge

Le lys rouge, également connu sous le nom de lis de la torche, fleurit dans des tons de vert, de jaune, d'orange et de rouge. Ils sont attrayants pour les colibris et poussent bien aux côtés des lis du jour. Les plantes rouges sont pérennes et fleuriront la première année si elles sont commencées tôt. Les plantes tolèrent bien la chaleur, préfèrent les sols drainés à humides pendant l'hiver. Les variétés de Red Hot Poker font toutes d'excellentes fleurs coupées et fourniront des couleurs et des styles saisissants à votre plus humble ou à votre complaisance. dispositions.

Fleur de panier arménien

S'élevant sur des tiges de 3 à 4 pieds et tolérant la chaleur, la sécheresse et capable de pousser même dans les sols côtiers salés, la fleur de panier arménienne est une vraie étourdissant - de plus en plus de 3 à 4 pieds de haut et avec des bourgeons bruns qui s'ouvrent à 4 pouces de luminosité fleurs jaunes ressemblant à des chardons au milieu de l'été. Attribuez-vous aux fosses et en répulsion des rabbèdres et, les armes, c'est un vrai temps, il est un véritable peu de temps. Les fleurs durent lorsqu'elles sont coupées et fonctionnent bien dans les arrangements frais et séchés.

Usine de Moneu

Bélier dans le cas où il est possible que les choses aient ce que vous ne traduisez pas de manière plus élevée. Coupez les fleurs lors de la floraison pour apporter une couleur et un parfum éclatants, ou attendez que les fleurs se soient formées leurs couvertures extérieures révèlent une poupée argentée translucide. Ceux-ci fonctionnent bien dans les arrangements secs. La plante d'argent peut prospérer du plein soleil à la mi-ombre et préfère le sol le plus humide. Les fleurs sont attrayantes pour les abeilles et les papillons, et les plantes sont résistantes aux cerfs et aux lapins.

Mélisse

Le baume d'abeille, membre de la famille de la menthe, est utilisé depuis longtemps par les Amérindiens pour ses propriétés médicinales et attire les papillons. s, colibris et abeilles. Une fleur inhabituelle à la fois en part et en texture, le baume d'abeille pousse de 2 à 3 pieds de haut et se décline en rouge, rose, saumon, écarlate et cramoisi n.m. Le baume de Bergame en particulier est une fleur de travail, qui fleurit en aussi peu que 10 semaines et bien en automne si elle est arrosée régulièrement. Les feuilles de baume d'abeille de bergamote sont parfumées aux agrumes, et tous les baumes font d'excellentes fleurs coupées pour la beauté et le parfum.

Mingonet

De minuscules fleurs blanches sur de longs épis de 2 à 3 pieds de haut produisent un parfum doux et épicé qui dure même lorsqu'il est coupé ou séché, le mignone tte est un excellent choix pour une floraison inhabituelle à ajouter à un arrangement plus traditionnel. Mignotte préfère le temps frais et un sol riche et humide. La mignonnette peut être cultivée en rangées de 6 pouces ou dans des plates-bandes annuelles, en plein soleil ou à mi-ombre .

Plantes à cultiver dans un jardin à couper

Les annuelles sont les fleurs à couper les plus traditionnelles, bien qu'il soit tout à fait possible d'avoir un jardin de coupe permanent. De nombreuses annuelles ont tendance à se reproduire et vous pouvez les faire pousser facilement. Quel que soit votre choix, voici quelques traits à prendre en compte :

- Vous préférerez probablement les fleurs à longues tiges puisque vous les couperez et les afficherez.
- Si vous aimez les parfums, assurez-vous d'inclure des fleurs parfumées.
- Incluez des plantes de remplissage, comme l'haleine de bébé ou les cloches de corail.
- Les plantes au feuillage attrayant, comme l'artémissie et le coleus, seront également utiles pour les arrangements.
- Planter des fleurs qui sèchent bien prolongera vos bouquets en hiver.
- Cultivez ce que vous aimez. Si vous voulez des tournesols tout l'été, donnez-leur la priorité dans votre jardin de coupe.

Envisagez de commander des catalogues de semences et de plantes spécialement pour les variétés exotiques ou à l'ancienne qui pourraient ne pas être disponibles e au centre de jardinage perdu.

Ce dont vous aurez besoin

- Educatif / Outils
- Cisailles à découper

Matériaux

- Une variété de graines de fleurs pour un jardin à couper
- Compost ou moule à feuilles
- Fertilisant organique
- Paillis

Instructions

- Prerare le site

Ce n'est pas parce que vous allez couper ces fleurs régulièrement que vous pouvez lésiner sur le sol. Pour les fleurs les plus prolifiques et les plus saines, modifiez votre sol pour vous assurer que les plantes ont les nutriments dont elles ont besoin pour bien pousser et fleurir.1

Assurez-vous que la zone est exempte de mauvaises herbes. Bien que ce jardin n'ait pas à être joli, vous ne voulez toujours pas que vos plantes aient à rivaliser avec les mauvaises herbes pour les nutriments et l'eau.

Vos fleurs à couper auront besoin d'un sol riche en matière organique pour améliorer la rétention d'eau et le drainage. Travaillez dans plusieurs pouces de compost ou de moule à feuilles avant de planter.

Incorporez une dose d'engrais équilibré, à action lente, granuleux et organique au début de la saison. Ceci, plus une bonne dose de matière fraîche, est généralement suffisant pour garder les plantes en bonne santé et en pleine croissance tout au long de la saison. Si vous remarquez que la floraison diminue, vous pouvez toujours leur donner un coup d'engrais liquide pendant l'été si nécessaire. Assurez-vous de vérifier d'abord les besoins croissants de vos fleurs. Certaines fleurs, comme les coupes, fleurissent mieux dans un sol pauvre.

- Planifier la mise en page

La facilité d'accès est très importante dans un jardin de coupe. Les rangées larges sont l'approche traditionnelle. Vous n'aurez pas à aller aussi loin pour couper les tiges. Assurez-vous de laisser entre eux des passages suffisamment larges pour que vous puissiez emménager et travailler. Vous porterez un panier d'eau pour eux ou un panier pour contenir vos fleurs coupées, alors donnez-vous de l'espace pour naviguer.

- Déterminer ce dont les plantes ont besoin

Déterminez quelles sont les conditions de croissance pour chacune des fleurs que vous choisissez de cultiver, puis regroupez celles qui ont des besoins similaires. Le fait de cultiver des plantes avec des besoins croissants similaires vous aidera à leur donner exactement ce dont ils ont besoin avec un minimum d'effort sur votre pa rt. Cela vous empêchera également d'arroser involontairement trop ou pas assez les plantes qui poussent près d'autres plantes avec des l aime et n'aime pas.

- Considérez la hauteur des plantes

Une fois que vous avez regroupé vos plantes en fonction de leurs besoins culturels, divisez-les à nouveau par leur taille à maturité. Vous ne voulez pas que les plantes les plus courtes soient englouties par les grandes. Ils n'auront pas assez de soleil et il sera plus difficile de les atteindre pour les couper.

- Arrangez les fleurs en fonction de la séquence de floraison

Les fleurs ne fleurissent pas toutes en même temps. Envisagez de disposer vos plantes dans l'ordre dans lequel elles sont censées fleurir; début de saison, mi-saison ou plus tard dans la saison. Ou, si vous voulez éviter les taches mortes dans votre jardin de coupe et le garder beau toute la saison, intercalez des fleurs avec différentes périodes de floraison avec n les mêmes lits. Au fur et à mesure que les bulbes de printemps se fanent, par exemple, les premières annuelles d'été couvrent le feuillage fané des bulbes.

- Répandez plus de graines tout au long de la saison de croissance

Les annuelles ne durent souvent pas toute une saison de croissance. Assurez-vous que vous risquez vos paquets de graines supplémentaires au printemps, afin que vous puissiez revenir quand un lot commence à s'estomper. Si un groupe de plantes se fane, arrachez-les, rafraîchissez le sol avec du compost et replantez quelque chose de nouveau.

- Utilisez du paillis

Oui, même dans un jardin de coupe, le paillis est nécessaire. Il n'est pas nécessaire que ce soit sophistiqué ou coûteux. Vous pouvez pailler avec des feuilles déchiquetées ou de la paille. Le paillis aide à dissuader les mauvaises herbes de s'installer tout en retenant l'humidité du sol. La dernière chose dont vous avez besoin est un autre jardin à désherber. Si le paillis se réduit à moins de 1 pouce de couverture, il est temps de le recouvrir d'un peu de paillis frais.

- Entretenez votre jardin de coupe

La chose la plus importante que vous puissiez faire est de couper plus fort. De nombreuses plantes donneront de nouvelles fleurs après avoir coupé la première vague de fleurs.

Sinon, l'entretien sera un peu comme n'importe quelle autre bordure de fleurs. Gardez un œil sur les parasites et les maladies et retirez les plantes affectées avant que les problèmes n'aient une chance de se propager. Assurez-vous que vos fleurs reçoivent de l'eau au moins une fois par semaine, plus si vous avez un été particulièrement chaud et sec.

CHAPITRE DEUX

Ce dont vous aurez besoin pour démarrer un jardin de fleurs

Vous n'avez pas besoin d'outils de jardinage fansu. Des outils de jardinage simples comme une fourchette et une truelle feront l'affaire, ainsi qu'un bon chapeau de soleil pour vous protéger de la chaleur du soleil. Un bon chariot de jardinage pourrait également être utile lors du transfert de vos plantes en pot. Pour votre première course, vous devrez acheter des graines et des plantes en pot dans des pépinières et des jardineries. Au fur et à mesure que vous progressez dans le jardinage, vous apprendrez à conserver des graines ou des bulbes, à sceller les couronnes racinaires et même à propager des plantes à partir de boutures afin que vous n'aurez pas à les acheter à nouveau. Vous aurez également besoin de la bonne conception ou de l'aménagement du jardin de fleurs adapté à votre terrain et à votre paysage.

1. Jardinage de fleurs pour l'échelle. Nous pouvons être surexcités lors du démarrage d'un nouveau projet. Alors que nous voulons plus de variétés et de plantes fansu dès que possible, encore une fois, considérez votre espace. Si

vous avez un bon espace, vous pouvez faire pousser des plantes plus grandes et plus hautes. Plantez des plantes de plus en plus grandes vers l'arrière lorsque vous faites pousser des fleurs comme bordures ou le long d'un chemin.

2. Pensez à l'intérieur de la boîte. Pour les débutants en jardinage de fleurs, cultiver dans des pots ou des petits pots surélevés peut être un bon point de départ. Pensez au principe de sensations fortes, de remplissage et de divertissement lorsque vous grandissez dans un espace restreint comme des conteneurs ou des jardinières. Le thriller est le point focal planté au centre, les publicités les plus dramatiques, et le remplissage est prévu pour combler les lacunes entre les deux.

3. Pensez virtuel. Une limite l'espace ne devrait pas vous empêcher de cultiver le jardin de fleurs de vos rêves. Optez pour de belles vignes à fleurs comme les clématites et le chèvrefeuille. Un simple treillis ou une tonnelle le long d'une petite entrée feront l'affaire !

4. Petit jardin fleuri. Jazz ur une petite clôture ou une boîte aux lettres avec des plantes à fleurs. Des fleurs de toutes tailles et de toutes formes qui se déchaînent autour d'un

petit endroit attireront l'attention. Je parie que cela mettra aussi un sourire sur le visage de votre facteur !

1. Choisissez un récipient : les récipients de démarrage des graines doivent être propres, mesurer au moins 2-3 pouces de profondeur et avoir des trous de drainage. Ils peuvent être des pots en plastique, des sachets de cellules, des pots de tourbe, des plats en plastique, des tasses de yaourt, même des coquilles d'œufs. Tant qu'ils sont propres (tremper dans 9 parties d'eau pour une partie d'eau de javel pendant 10 minutes), les ortillons sont sans fin. Vous pouvez également acheter des kits de démarrage, mais n'investissez pas beaucoup d'argent jusqu'à ce que vous soyez sûr que vous lancerez des graines chaque année. Si vous démarrez des graines dans de très petits contenants ou des appartements en plastique, vous devrez transformer les graines en pots un peu plus grands une fois ils ont leur premier ensemble de vraies feuilles. Gardez à l'esprit que les appartements et les pots prennent votre chambre, alors assurez-vous d'avoir suffisamment d'espace ensoleillé pour tous les semis que vous commencez.

2. Commencez avec un sol dual : semez les graines dans un mélange de démarrage stérile ou un terreau disponible dans les pépinières et les jardineries. N'utilisez pas de terre de jardin, elle est trop lourde, contient des graines de mauvaises herbes et peut-être des organismes pathogènes. Mouiller le sol avec de l'eau tiède avant de remplir les contenants de départ.

3. Plantez à la bonne profondeur : Vous trouverez la bonne profondeur de plantation sur le sachet de graines. La règle générale est de recouvrir les graines d'un sol égal à trois fois leur épaisseur, mais assurez-vous de lire le paquet de graines t planter soigneusement les instructions. Certaines graines, y compris certaines laitues et serpentins, ont besoin de lumière pour germer et doivent reposer sur la surface du sol, mais Je serai en bon contact avec le sol le plus humide. Un tassage doux après le semis aidera. Après avoir planté vos graines, utilisez une bouteille de pulvérisation pour humidifier à nouveau le sol.

4. Arrosez judicieusement : utilisez toujours de l'eau à température ambiante. Laissez l'eau chlorée reposer pendant la nuit afin que le chlore puisse se dissiper ou utiliser de l'eau distillée. Évitez d'utiliser de l'eau adoucie.

Il est important de garder le sol systématiquement, mais évitez de trop arroser, ce qui favorise les maladies, qui peut tuer ings. Essayez de ne pas éclabousser d'eau sur les feuilles. Un moyen simple d'éviter cela ainsi que l'excès d'eau est de mélanger la base de vos récipients dans l'eau et de permettre au sol d'absorber l'humidité. ture du bas jusqu'à l'humidité. Certains kits de démarrage de semences fournissent un tapis absorbant qui conduit l'eau d'un réservoir vers un sol sec. C'est peut-être la méthode d'arrosage des semis la plus maladroite, mais vous devez quand même faire attention à ce que le sol ne reste pas trop humide. Quoi que vous fassiez, ne manquez pas un arrosage et laissez sécher les graines ou les semis. C'est une condamnation à mort.

5. Maintenir une humidité constante : avant la germination, couvrez votre récipient pour aider à garder l'humidité à l'intérieur. Les kits de démarrage de semences sont entièrement équipés d'une couverture en plastique. Vous pouvez également utiliser un sac en plastique, mais il doit être soutenu afin qu'il ne repose pas à plat sur le sol. Retirez les couvertures dès que les graines germent.

Certains semis poussent, réutilisent les arrosages si souillés en partie, mais ne les laissez pas flétrir.

6. Eau chaude : Les graines ont besoin d'eau chaude pour germer. Ils germent plus lentement, voire pas du tout, dans des sols trop frais. La plupart des graines germeront à environ 78°F. Des tapis chauffants imperméables, conçus spécialement pour la germination des graines, teer sol à température constante. Vous pouvez les acheter dans la plupart des pépinières et des jardineries. Ou, vous pouvez placer des plateaux de graines sur un réfrigérateur ou une autre solution chaude jusqu'à ce que les graines germent. Après la germination, la température de l'air devrait être légèrement inférieure à 70 ° F. Les semis peuvent supporter des températures aussi basses que 50 ° F tant que la température reste à 65-70 ° F.

7. Fertiliser : Commencez à nourrir vos semis après qu'ils aient développé leur deuxième ensemble de vraies feuilles, en utilisant un engrais liquide à moitié concentré chaque semaine. Appliquez-le doucement afin que les semis ne soient pas délogés du sol. Après quatre semaines, appliquez un engrais liquide à pleine puissance toutes les deux semaines jusqu'à la transplantation.

8. Donnez suffisamment de lumière aux semis : pas assez de lumière conduit à des semis longs et hauts qui auront du mal une fois transplantés à l'extérieur. Dans les régions où l'hiver est doux, vous pouvez faire pousser des semis pleins dans une fenêtre lumineuse orientée vers le sud. Plus au nord, même une fenêtre orientée vers le sud peut ne pas fournir suffisamment de lumière, surtout en plein hiver. Idéalement, les semis ont besoin de 14 à 16 heures de lumière pour une croissance saine. Si les semis commencent à se pencher vers la fenêtre, c'est un signe certain qu'ils ne reçoivent pas assez de lumière. Tourner simplement les pots ne suffira pas - vous devrez peut-être simplement un éclairage artificiel. Les pépinières et les catalogues de semences de vente par correspondance fournissent des kits d'éclairage. Suivez attentivement les instructions.

9. Faire circuler l'air : Faire circuler l'air aide à prévenir la maladie et encourage le développement de tiges fortes. Faites fonctionner un ventilateur doux près des semis pour créer un mouvement d'air. Gardez le ventilateur à distance des semis pour éviter de les faire exploser directement.

10. Endurcir les semis avant de les transplanter à l'extérieur : avant de déplacer les semis à l'extérieur, ils doivent s'acclimater à leur nouvelle nature plus dure. environnants. Cette procédure est appelée « endurcissement » .

Plante à fleurs Celestion

Avant de vous exciter trop à regarder des catalogues de plantes à fleurs, réfléchissez à votre paysage et à la conception de votre jardin fleuri. Voici quelques conseils et idées pour faire le genre de fleurs ou de variétés

1. Fleurs vivaces

Ce sont des fleurs qui restent dormantes en hiver et qui repoussent ensuite au printemps. Les fleurs vivaces pourraient être le meilleur choix dans le jardinage de fleurs pour les débutants. Shasta daisu, les roses, les bulbes à fleurs comme les glaïeuls et les tulipes ne sont que quelques-unes des meilleures fleurs vivaces que je puisse recommander.

2. Fleurs annuelles

Si vous voulez des fleurs pour une floraison époustouflante en été, alors les fleurs annuelles sont vos fleurs préférées. Leurs fleurs flashy ne décourageront pas un débutant en jardinage de fleurs comme vous. Le cosmos, les soucis et les zinnis sont quelques-unes de mes fleurs annuelles préférées. En peu de temps, je les ai dans mon jardin de fleurs maintenant.

3. Plantes à massif

Ce sont des plantes à croissance rapide plantées temporairement pour être exposées. Les belles variétés de fleurs telles que les pensées, les pétunias et les capucines sont d'excellentes plantes à massifs. Donc, si vous voulez un jardin fleuri qui fait tourner les têtes, investissez dans ces plantes pour une saison! Votre jardin de fleurs sera certainement le sujet de conversation de la ville.

4. Plantes grimpantes

Lorsque vous avez un espace limité pour le jardinage de fleurs, ne désespérez pas. Les plantes grimpantes sont là pour la rescousse ! Transformez les murs nus avec de magnifiques plantes grimpantes comme la clématite, l'ipomée et même les roses. Vous serez en mesure de maximiser l'espace limité du jardin fleuri et vous donnerez vie aux murs nus ternes et ennuyeux.

5. Plantes à fleurs indigènes

Il est tentant d'opter pour des fleurs inhabituelles, mais en tant que débutant, je suggère d'opter pour des plantes à fleurs indigènes. Ils sont tout aussi magnifiques, mais leur croissance et leur entretien sont simples et peu coûteux. Cultivez une anémone et des cloches joyeuses dans le nord-est, Lewis et Colombine dans le nord-ouest, et du jasmin et des jardins dans le sud-est. Alors que le yucca rouge et les cloches jaunes poussent mieux dans les régions désertiques du sud-ouest, vous cultiverez facilement l'hibiscus et le lantana dans les régions tropicales ou f le Sud.

6. Roseraies

Cultiver des roses peut être intimidant, mais elles sont si magnifiques qu'elles valent bien vos efforts. Ces superbes variétés de roses sans épines pourraient vous donner une idée. N'oubliez pas que la taille est la clé pour faire pousser de belles roses.

7. Plantes à fleurs d'étang

Vous avez un paysage humide et marécageux ? Ensuite, vous pouvez commencer à cultiver un jardin de fleurs avec des plantes en fleurs. Les lotus et les lys sont les plantes à fleurs les plus courantes, mais les bidons d'eau sont mes préférés.

8. Fleurs résistantes à la sécheresse

Dans le sud, la culture de plantes à fleurs non indigènes peut être très exigeante. Évitez les dépenses et cultivez des fleurs résistantes à la sécheresse comme les cactus, Euphorbia mili et uussa. Vous pouvez même éviter les coûts élevés de la pelouse et opter pour la xérisation à la place, en utilisant ces incroyables plantes et fleurs tolérantes à la sécheresse.

Comment créer un jardin de fleurs rustique

Méthode 1

Méthode 1 sur 3 :

Planifier votre jardin

1. Choisissez un emplacement pour votre jardin. Regardez votre cour et voyez où vous aimeriez orniérer le jardin. Votre jardin devrait être quelque part où vous pouvez facilement le voir et apprécier sa beauté, de préférence des deux à l'intérieur d'un et à l'extérieur de votre maison. Pensez également à certaines des choses suivantes : la

zone que vous avez en tête reçoit-elle suffisamment de lumière du soleil pour le pneu de fleurs que vous voulez ? La zone a-t-elle un bon drainage du sol, ou a-t-elle tendance à accumuler beaucoup d'eau stagnante après les pluies et la fonte des neiges ? Votre jardinage potentiel est-il sur un terrain relativement plat ou légèrement en pente ? Il est beaucoup plus difficile de planter sur des pentes de direction.

2. Esquissez un plan pour votre jardin. Il est plus facile de planifier si vous pouvez visualiser ce que vous voulez. Faites un croquis de votre propriété, en indiquant les bâtiments, les terrasses et les terrasses, l'allée, les clôtures ou tout autre principales caractéristiques. N'oubliez pas de considérer les modèles de drainage dans votre cour. Marquez également les jardins, les arbustes ou les arbres existants. Une fois que vous avez fait votre croquis de départ, vous pouvez commencer à ébaucher vos idées pour les fleurs. En plus des fleurs, essayez d'esquisser d'autres éléments que vous aimeriez ajouter à votre jardin, comme des allées et des bordures en pierre, des clôtures, des treillis est, ou sculpture de jardin.

3. Déterminez la zone de rusticité de votre plante. Une fois que vous avez trouvé une conception de base pour votre jardin, il est temps de décider de vos fleurs. La première étape consiste à découvrir quels types de fleurs peuvent prospérer dans votre région. Une fois que vous connaissez votre zone de rusticité, gardez-la à portée de main lorsque vous recherchez des plantes potentielles pour votre jardin. Si vous sélectionnez des plantes qui sont en dehors de votre zone de rusticité, elles peuvent ne pas survivre aux températures extrêmes de l'hiver et de l'été.

4. Assurez-vous d'avoir un sol riche en nutriments et bien drainé. Vous aurez besoin de savoir quel type de sol vous avez avant de commencer à sélectionner et à planter des fleurs. Un bon sol doit être moelleux, sombre et riche en nutriments pour vos plantes. Il devrait également avoir un bon drainage, car la plupart des plantes ne poussent pas bien dans un sol trop humide ou marécageux. Apportez un échantillon de votre sol dans un magasin de jardinage dans votre région pour faire évaluer son pH et ses niveaux de nutriments. Si nécessaire, vous pouvez modifier la composition de votre sol en ajoutant de l'engrais, des

substances altérant le pH comme la chaux ou le soufre, ou d'autres substances. omponents.

5. Sélectionnez des fleurs pour votre jardin. Après avoir évalué votre espace et la nature de l'environnement de plantation que vous avez, il est temps de passer à la partie amusante - choisir vos fleurs. Tout d'abord, limitez votre sélection aux plantes qui fonctionnent avec votre zone de rusticité, vos pneus de sol et la quantité de lumière du soleil disponible dans votre jardin. Ensuite, considérez certaines des choses suivantes : Quelles sortes de couleurs voulez-vous dans votre jardin ? En fonction de votre style personnel, vous voudrez peut-être un arc-en-ciel de couleurs ou une palette plus limitée (par exemple, différentes nuances de bleu et de jaune).

6. Choisissez des fleurs avec une ambiance rustique. Alors que les types de fleurs que vous choisissez seront en grande partie déterminés par votre zone, certaines variétés peuvent donner à votre jardin une sensation plus décontractée et rustique que eux. Quelques bons choix incluent : Hollyhocks. Ces grandes fleurs aux couleurs vives sont un excellent choix pour planter le long des murs et des clôtures. Ils sont rustiques dans les zones 3-9.

Худрангеаs. Ce sont des arbustes bas et larges qui produisent des grappes massives et sphériques de fleurs délicates, généralement de couleur fr du blanc au bleu pastel, rose ou violet. Ils sont rustiques dans les zones 4-9. Roses. Ces fleurs classiques font un ajout magnifique et parfumé à n'importe quel jardin. Ils viennent dans une grande variété de couleurs et de tailles, des grandes roses rouges "El Toro" aux minuscules roses de thé pastel. Dépendamment de la variété, ils peuvent prospérer dans un certain nombre de zones de rusticité. Échinacées. Ces fleurs robustes ressemblant à des marguerites sont disponibles dans une variété de couleurs, y compris le blanc, le violet pâle et le cramoisi. Ils sont également attrayants pour les oiseaux et les papillons. Ils sont rustiques dans les zones 3-9. Cataire. Cette herbe parfumée est facile à cultiver, produit des pulvérisations délicates de fleurs violettes avec un feuillage argenté attrayant, et a l'avantage supplémentaire de attirant le plus. Il est rustique dans les zones 4-8.

7. Décidez d'un système solaire. Alors que le terme "rustique" a tendance à évoquer vos tons chauds, atténués et terreux, vous n'avez pas besoin de vous sentir limité à

ces types de couleurs dans votre jardin. Réfléchissez à la façon dont les couleurs des fleurs que vous pensez pourraient ressembler ensemble, et comment elles compléteront les couleurs qui existent déjà. autour de votre maison et de votre cour. Considérez comment les plantes ou les fleurs changeront de couleur au fil des saisons et de l'année. De nombreuses plantes ont un beau feuillage en automne et en hiver. Les pastels pastels frais donnent à votre jardin un aspect de rêve et de conte de fées. Les rouges chauds, les oranges et les tons dorés donnent à un jardin une sensation de confort et de confort, surtout en été et en automne. Des couleurs vives, semblables à des pierres précieuses, comme des rouges vifs, des bleus, des bleus et des violets, peuvent créer un complément attrayant aux couleurs sombres ou sourdes sur votre propertu.

Méthode 2

Planter votre jardin

1. Marquez vos parterres de fleurs. Avant de commencer à planter, marquez les bords de vos plates-bandes prévues. Vous pouvez le faire avec un tuyau d'arrosage, ou même avec un peu de

farine ou de citron vert. Prévoyez de faire vos lits au moins 2-3 pieds (0,61-0,91 m) de large, donc il y a beaucoup de place pour vos fleurs. Les parterres de fleurs peuvent être disposés le long des clôtures, des murs ou des bords des allées. Vous pouvez également construire des parterres de fleurs circulaires autour de la base des arbres. Vous pouvez également construire un parterre de fleurs « îlot » au milieu de votre pelouse.

2. Préparez votre sol. Une fois que vous avez marqué où seront vos plates-bandes, préparez les zones de plantation. Cela impliquera de nettoyer toutes les plantes qui poussent déjà dans la région et de s'assurer que le sol est aéré et plein de nutriments. Creusez les 1 à 2 pouces (2,5 à 5,1 cm) supérieurs de gazon, en vous assurant de déterrer toutes les herbes et les mauvaises herbes par les racines. Brisez et retournez le sol avec une pelle ou un motoculteur. Retirez toutes les pierres ou autres gros objets que vous déterrez. Si vous en avez besoin, ajoutez de l'engrais, du compost ou

d'autres composants au sol. Retournez le sol et arrosez-le légèrement.

3. Disposez les fleurs par hauteur. En général, votre jardin sera plus beau si vous placez les fleurs les plus hautes à l'arrière du lit et les plus courtes à l'avant. De cette façon, votre vue (et votre accès) aux fleurs les plus courtes ne sera pas bloquée par les plus grandes. Pour les fleurs plantées dans un lit « insulaire », des fleurs plus hautes peuvent être placées au centre, avec des fleurs plus courtes sur les bords.

4. Plantez des fleurs dans des groupes d'apparence naturelle. Pour un look rustique et spontané, essayez de ne pas planter vos fleurs dans des formes ou des motifs rigides. Évitez les rangées extrêmement droites et les groupes de couleurs alternées. Au lieu de cela, plantez vos fleurs en grappes lâches (petits groupes circulaires) ou en dérives (longs rangs lâches) de couleurs entremêlées.

5. Installez un treillis pour les fleurs grimpantes. Un treillis en bois ou en fer forgé peut ajouter une

touche rustique attrayante à votre jardin. Habillez-vous d'un mur uni ou d'une clôture dans votre cour en installant un treillis et en le plantant avec des roses grimpantes ou des gloires du matin. Si vous ne vous trouvez pas à faire de moi-même et que vous avez élaboré des trraislles, vous êtes réutilisé, il est réutilisé pour le jardinage, il est venu de jardinage

6. Mélangez des jardinières avec des fleurs plantées au sol. Vous pouvez ajouter de l'intérêt à votre jardin en mettant quelques jardinières parmi les fleurs de vos plates-bandes. Essayez de planter des fleurs ou des vignes traînantes dans un tonneau en bois.

Méthode 3

Décorer votre jardin

1. Donnez à vos plates-bandes une bordure décorative. Une fois vos plates-bandes plantées, vous pouvez leur donner un avantage attrayant en utilisant des pierres, des bûches ou des briques. Pour une bordure de jardin rustique trop belle, essayez de créer une bordure de jardin en bois

tissé. Cela peut être fait en tissant des cannes de framboise taillées le long de supports en bambou, en utilisant une technique de base de vannerie.

2. Décorez avec des objets réutilisés. Donner à votre jardin une touche rustique peut être aussi simple que d'ajouter quelques outils et objets ressuscités. Vous pourriez essayer : mettre une jardinière dans une brouette. Doublure des pots de fleurs sur un vieux banc en bois. Appuyant des outils de jardin ou de ferme vintage (comme des râteaux ou des fourches) contre un mur et permettant aux vignes de les créer. Placer des pots de fleurs sur les échelons d'une échelle en bois.

3. Ajoutez un chemin de pierre ou de gravier. Un chemin sinueux est un ajout magnifique et accueillant à un jardin. Alors que les allées de jardin peuvent être faites avec des pavés ou du béton, un effet plus informel et vraiment rustique peut être obtenu avec l'un des éléments suivants ng : pierres de progression. Cela semblera plus naturel si vous utilisez des dalles de pierre non finies et irrégulières. Idéalement, nos pierres

devraient avoir une largeur de 12 à 18 pouces (30 à 46 cm) et une épaisseur d'environ 2 pouces (5,1 cm). Vous pouvez obtenir des pierres comme celles-ci auprès d'un fournisseur de paysage. Gravier ou paillis. Pour ce genre de chemin, tout ce dont vous avez besoin est un tissu paysager à mettre sous votre matériau, et une bordure en métal ou en plastique pour le protéger en place.

4. Installez des nichoirs. Les nichoirs sont beaux en eux-mêmes et attireront également les oiseaux dans votre jardin. Les nichoirs peuvent être installés sur des clôtures ou des murs dans votre jardin, ou sur une bûche droite ou droite installée dans l'un de vos flux euh mieux. Vous pourriez encourager les vignes ou d'autres plantes grimpantes à pousser autour de votre nichoir. N'oubliez pas d'installer un parcours de mangeoires et de bains d'oiseaux.

Comment démarrer un jardin de fleurs

Niveau 1 - Connaissez votre jardin

- Connaissez votre site : la première chose à faire pour créer le jardin de fleurs parfait est de vous familiariser avec la zone que vous souhaitez fourmi. Architecte paysagiste, May Ellen Cowan suggère : « Connaissez vraiment votre site. Écoutez Mère Nature pour en savoir plus sur les caractéristiques de votre terre. Soyez honnête avec la lumière, les conditions d'humidité et la torogrrhie.

- Connaissez votre sol : Un conseil important pour assurer un jardin de fleurs réussi est de faire un test de sol. Erin Benzakein, propriétaire de Floret Flower Farm, explique : « Pour recueillir des échantillons de sol, creusez un trou à 1 pied de profondeur, rassemblez quelques tables, puis répétez Mangez dans votre jardin jusqu'à ce qu'un bocal d'un litre soit plein. Vous pouvez envoyer votre sol à un laboratoire d'essais comme le laboratoire d'essais d'éléments nutritifs des sols et des plantes UMass (soltest.umass.edu) et utiliser le résultat pour amendez votre sol avant de planter.

- Connaissez vos fleurs: Cowan dit également: «Apprenez quelles plantes poussent bien dans votre sol. À partir de là, vous pouvez déterminer ce qu'il faut faire en termes de conception."

- Connaissez votre cycle de gel : pour vous assurer que votre jardin nouvellement planté survivra aux saisons, vous devrez connaître la durée moyenne de votre région et f premières dates de gel. Benzakein note que cela affectera le moment où vous commencerez à semer et vous permettra de planter des variétés qui pousseront jusqu'à l'automne. Commencer vos graines environ 4 à 6 semaines avant la date moyenne du dernier gel donnera à vos plantes un bon départ. Les plantes se rempliront plus rapidement et réduiront les mauvaises herbes. Si vous n'avez pas de serre pour démarrer vos graines, un bac à graines couvert à l'intérieur sous des lumières croissantes fonctionnera.

Étape 2 - Créez votre palette de couleurs

- Créer l'unité : lors du choix d'un jeu de couleurs, Bornstein suggère d'en choisir un qui "aidera à unifier le paysage". L'utilisation de variations et de tons différents de la même couleur peut faire une impression sans dominer.

- Créer de l'excitation : tout en s'en tenant à quelques éléments similaires, il peut créer un sentiment d'harmonie, des couleurs parfois opposées sur la roue des couleurs, créant des juxtapositions tion. Par exemple, la combinaison du bleu et du jaune est fraîche, vive et estivale. "Dans un endroit ensoleillé, les tons chauds comme les jaunes, les oranges et les rouges tirent le meilleur parti de la lumière, surtout pendant les "heures dorées", lorsque le le soleil se lève ou se couche. Cependant, seules, les couleurs chaudes peuvent apparaître plutôt plates. Les bleus complètent les bleus, créant de l'harmonie et du dynamisme. Des éclaboussures ossassions d'orange et de rouge chauds et un peu de frisson ", déclare Keith Wiley de Wildside, son jardin dans le Devon, en Angleterre.

- Créez des zones paisibles : Wiley ajoute qu'il est prudent de faire preuve de retenue, car trop de choses peuvent être fatigantes. «Vous ne pouvez pas avoir tout ce qui vous crie dessus dans le jardin. Des zones séparées avec des couleurs intenses ou dramatiques avec des neutres », explique Bill Thomas de Chanticleer. Avant tout, paysagiste et auteur de Heaven is a Garden, Jan Johnsen encourage l'utilisation de couleurs que vous appréciez personnellement dans votre jardin.

Étape 3 - Concevoir comme un pro

- Concevoir avec forme : lors de la conception d'un jardin de fleurs, le concepteur de jardin néerlandais de renommée mondiale, Piet Oudolf, suggère que le partage est un bon point de départ. Les plantes vivaces ont plusieurs formes de base : spires, prunes, marguerites, boutons, globes, ombelles et écrans. Essayez de mettre différentes formes ensemble et voyez si elles se déclenchent les unes les autres. Certaines combinaisons seront vibrantes et dynamiques, d'autres peuvent entrer en conflit. Planter des formes de fleurs similaires ensemble peut renforcer une idée.

- Conception avec répétition : la répétition des actions ou des couleurs clés procure un sentiment de paix et d'unité visuelle. Idéalement, conseille Wileu, les plantes que vous refaites devraient avoir une longue saison, ne pas attendre après la floraison et s'épanouir dans l'état du jardin. s. La stratégie de répétition des fleurs offre une continuité lors du passage d'une zone du jardin à une autre.

- Conception dans les lauriers : Matt James, dans son livre, Comment planter un jardin, déclare : "Lorsque vous plantez, essayez de tirer une couche subtilement dans une autre - et vice versa. sa - pour créer un look plus naturel, plutôt que de simplement arranger les couches comme un escalier. Oudolf avertit que vous pouvez "perdre des plantes dans le dos", il est donc important de s'assurer qu'il reste des lignes claires pour voir les fleurs à la fin. ar d'une frontière.

- Concevoir en combinaisons : "Pensez en termes de combinaisons de plantes plutôt qu'en termes d'espèces individuelles", suggère Sean Hogan de la pépinière Cistus près de Portland, Oregon. Mélanger les hauteurs, les tailles, les couleurs, l'échelle et les textures des plantes permet au jardin de s'engager en toutes saisons. Des plantations détendues apporteront de la couleur, du mouvement et une sensation de prairie.

- Design avec parfum et mouvement : Dan Hinkley, chasseur de plantes et auteur, a découvert ce qu'il aime le plus dans son jardin : le parfum et le mouvement. "Ces éléments d'un jardin ne sont pas assez souvent inclus dans la conception." Il conseille de profiter des modèles de brise naturelle pour permettre aux parfums de fleurs de flotter vers votre maison ou votre appartement.

Dessins de jardin de fleurs

1. Rechercher les caractéristiques des fleurs

Les meilleurs jardins de fleurs conçoivent plusieurs types de plantes à fleurs, y compris des plantes vivaces à court terme (mais à longue floraison) des annuelles, des bulbes saisonniers ou des graminées namentales et des vignes. Avant de vous lancer officiellement dans la conception de votre jardin fleuri, faites une petite recherche sur les types de plantes qui pousseront le mieux dans votre jardin. , quelles sont les couleurs et les textures qu'ils offrent, et toute autre chose dont ils pourraient avoir besoin.

Choisissez votre style de conception de jardin de fleurs

Vos préférences personnelles (ou le style architectural de votre maison) peuvent aider à définir les paramètres du style et de la taille de votre jardin. Différentes idées et styles de conception de jardin de fleurs se prêtent à différents types de plantes. Par exemple, un paysage à apprentissage contemporain peut adopter une approche minimaliste et présenter des parterres de fleurs clairement définis avec des lignes dures; un jardin de style similaire à celui que l'on voit ici, encourage une approche mixte et assortie avec des chemins sinueux et des formes de lit. Si vous aimez apporter des fleurs à l'intérieur, envisagez de créer un jardin de coupe permanent.

Déterminer la part et la taille du jardin

Les plantes à fleurs peuvent être disposées dans des lits de presque n'importe quelle part et taille, des plus grands aux plus petits coins . Pour avoir une idée de la façon dont votre jardin de fleurs s'intégrera dans le reste de votre paysage, utilisez un tuyau d'arrosage pour délimiter les bords avant de commencer à creuser. Faites le tour du lit; regardez le lit de jardin proposé à chaque visite. Testez si vous pourrez accéder aux plantes au milieu ou si vous aurez besoin d'inclure un chemin. Si vous êtes spécifiquement à la recherche d'idées de jardin de fleurs pour les débutants, commencez petit : vous pouvez toujours étendre votre plan si vous le souhaitez, ou partir plus grand l'année prochaine.

Sélectionnez les plantes à fleurs

Une fois que vous avez décidé de la conception, du partage et de la taille de votre jardin fleuri, il est temps de mettre votre recherche de plantes en action. Envisagez des plantes spectaculaires que vous souhaitez utiliser comme point focal, la taille des fleurs, l'intérêt tout au long de l'année, le temps de floraison et la combinaison de couleurs. ons. Pensez également aux attributs bonus tels que le parfum et si les fleurs attireront les papillons, les colibris et d'autres pollinisateurs.

Évaluer la taille de l'usine

Considérez la pleine hauteur d'une plante lorsque vous faites vos sélections. Par exemple, si vous voulez planter un jardin de fondation coloré le long du devant de votre maison, les plantes les plus hautes devront aller à l'arrière, mais ne devraient pas être si grand qu'ils bloquent les fenêtres ou les portes. Si la conception de votre jardin fleuri est une île, les plantes les plus hautes devraient aller au centre. Gardez également à l'esprit la taille globale d'une plante mature pour vous assurer qu'elle aura assez de place pour pousser sans encombrer ses voisins ou se renverser sortir trop du lit.

Revoir les temps de floraison

Les jardins de fleurs bien conçus comprennent une variété de plantes avec un intérêt tout au long de l'année et des périodes de floraison échelonnées. Évaluez les deux facteurs avant de sélectionner des plantes. Vous ne voulez pas créer un jardin plein de couleurs en été mais nu en automne. C'est une autre raison pour laquelle il est important de combiner différents types de plantes : il est plus facile de s'assurer que toutes les saisons sont couvertes. Par exemple, vous pouvez compter sur des arbustes pour fournir une floraison printanière et une structure hivernale, des vivaces d'été et des annuelles à floraison automnale s dans la conception de votre jardin fleuri.

Sélectionnez les fleurs et le feuillage complémentaires

Créer les meilleures combinaisons de couleurs dans la conception de votre jardin de fleurs peut être délicat. Un bon point de départ est la roue chromatique. Par exemple, les jardins plantés dans des tons de la même teinte, comme le rose, plaisent à la vue. Les couleurs les unes à côté des autres sur la roue des couleurs, comme le violet et le rouge, vont bien ensemble, tout comme les couleurs les unes des autres, comme le violet et le rouge. ueulow. Le feuillage peut également fournir une texture et une couleur indispensables pour un intérêt visuel lorsque les fleurs se sont fanées.

S'appuyer sur la répétition

Lors de la conception de votre jardin de fleurs, essayez d'avoir plus d'un de chaque ture de plante répété tout au long du lit. C'est une astuce de conception visuelle qui crée de la cohérence pour que les parterres de fleurs se sentent moins confus qu'une collection de plantes. Et inclure au moins trois (ou n'importe quel nombre impair) du même type de plante dans un grouring est très agréable à l'œil et se sent moop dyna мic (comme opposee à un regard plus sommetrical d'un nombre pair) s).

Surrulu à Fosal Point

Chaque lit de jardin, qu'il soit grand ou petit, a besoin d'un point focal qui donne à l'œil un point de départ avant de passer au reste du parterre de fleurs. Cela pourrait signifier ancrer un grand lit avec des arbustes de buis dans les coins et un arbuste à fleurs au milieu ou planter une masse d'une seule fleur n le centre d'une frontière maigre. Vous pouvez également ajouter une montée intéressante de l'art du jardin.

Hardscare incoororate

Les éléments durs, comme les pergolas, les treillis et les tonnelles sont de beaux compléments à la conception d'un jardin fleuri. SI vous êtes en train de créer un lit qui coule d'avant en arrière, par exemple, un arbre similaire avec LIS dans des espaces privés. Ils travaillent également comme points focaux.

Prépare le lit de plantation

Une fois que vous avez décidé de tous les éléments que vous voulez dans la conception de votre jardin de fleurs, il est temps de nettoyer le lit en enlevant l'herbe, les mauvaises herbes ou d'autres débris là où vous voulez planter. S'il s'agit d'un nouveau lit vide, ajoutez beaucoup de contenu pour renforcer la dualité du sol pour vos fleurs. Si vous voulez avoir un chemin qui traverse votre jardin de fleurs, étendez-le avant de planifier pour vous assurer qu'il y a assez d'espace pour tout. Vous pouvez également ajouter des bordures, telles que des pavés ou un autre matériau à ce stade, ou vous pouvez attendre jusqu'à ce que vous ayez terminé lancinant.

Maintenant, il est temps d'acheter vos plantes ! Faites de votre mieux pour vous en tenir à votre liste ; il est facile de se laisser emporter lorsque vous êtes face à face avec toutes les belles ortitions. Que ce soit dans ce qui est dans vos proches, vous tous les compressions sur le haut de celle-ci dans le cadre de ce que vous n'êtes pas possible. De cette façon, il est facile de voir si vous avez suffisamment de plantes pour remplir correctement l'espace ou faire des ajustements à l'arrangement. Une fois que vous êtes satisfait, commencez à creuser et à placer les plantes dans leurs nouvelles maisons. Toutes les fleurs nouvellement plantées doivent être bien arrosées. Ensuite, ajoutez un pouce ou deux de paillis sur tout le lit. Surveillez vos précipitations et votre eau au besoin, en vous assurant que vos plantes reçoivent environ un pouce d'eau par semaine.

Soin de base des plantes à fleurs

1. Cultivez des plantes envahissantes

Cette vivace pousse jusqu'à un mètre de haut et a des fleurs blanches sur des tiges courbes au début de l'été. Il pousse mieux avec de l'eau régulière au soleil ou à mi-ombre. Il est très agressif dans le jardin, se propageant par des tiges souterraines - moins agressif dans les sols partiellement ombragés. Il est difficile de modifier et de garder le contrôle, alors faites preuve de prudence.

2. Desserrez les racines

Les fleurs que vous achetez dans les magasins de jardinage peuvent avoir leurs racines toutes raides et agglomérées à cause de la prolifération dans des contenants. Assurez-vous de les desserrer doucement avant de les planter.

3. Utilisez un treillis métallique

Protégez vos bulbes nouvellement plantés des parasites avec un treillis métallique jusqu'à ce qu'ils soient établis.

4. Plantation commerciale

Les parasites peuvent être un problème après un certain temps, mais vous découvrirez bientôt que la plantation de compagnons aide également un jardin de fleurs. Planter de la ciboulette avec des roses, par exemple, fait des merveilles.

5. Paillage

Les mauvaises herbes seront la nuisance ultime dans les zones où elles se battent totalement sans y être invitées pour l'espace et les nutriments. Contrez ce problème avec le paillage.

6. Connaissez votre âme

Le sol est tout mais il y a des tolérants à la sécheresse et même des sols inférieurs comme les sosmos et les zinnias qui produisent plus de fleurs dans un sol poussiéreux et sablonneux.

Comment planter des fleurs dans le jardin

Niveau 1 : Bon endroit, bonne plante

Les plantes que vous avez plantées ont-elles besoin de soleil, d'ombre ou d'une combinaison des deux ? Commencez par disposer vos plantes de manière à ce qu'elles soient à un endroit où elles obtiendront le type de lumière qu'elles préfèrent (les plantes qui, comme le soleil, devraient être à l'air libre , les plantes qui ont besoin d'ombre devraient aller dans une pourriture où l'UE va avoir un peu plus). Le plein soleil correspond à six heures ou plus de soleil direct par jour, pas nécessairement en continu. Le tourisme à mi-ombre signifie quatre à six heures de soleil par jour. Les définitions de teinte varient en fonction de la nature réelle de la teinte. L'ombre tachetée donne beaucoup plus de lumière que l'ombre du cerf, par exemple.

Étape 2 : Creusez le sol

Les beaux jardins de fleurs commencent avec un sol sain. En général, la plupart des plantes à fleurs font de leur mieux dans un sol meuble et bien drainé contenant beaucoup de matière organique. Vous n'avez pas besoin de creuser un peu plus pour planter des fleurs, mais vous devriez creuser suffisamment pour que vous puissiez ajouter quelque chose pour améliorer le structure du sol et ajouter des nutriments. Évitez de creuser ou de manipuler le sol quand il est mouillé pour éviter la comparaison. Les plantes ont besoin d'un certain espace entre les parties du sol pour que les racines poussent. Un test pour voir si le sol peut être travaillé consiste à creuser un petit échantillon de sol à partir d'un trou de 3 pouces. Mettez-le en boule, puis jetez le sol sur une surface dure telle qu'un rocher ou un trottoir. Si le sol reste ensemble, il est trop humide pour la plantation, mais s'il se brise, il est temps de planter.

Étape 3 : Plantez vos nouvelles fleurs

Les étapes pour savoir comment planter des graines de fleurs sont un peu différentes des plantes de la pépinière, alors suivez les instructions sur la graine Il faut savoir à quelle profondeur planter chaque graine et à quelle distance. Avec des plantes de jardin en pot, vous devriez généralement planter avec le sol au même niveau que le sol dans le pot, mais lisez l'étiquette de la plante pour être sûr. Certaines plantes à fleurs, telles que les iris et les pivoines, préfèrent que leurs rhizomes et leurs racines soient très peu profonds. Lorsque vous retirez la plante du pot, détachez doucement une partie ou la totalité de la terre des racines et placez la plante dans le trou que vous avez préparé. d. Repoussez le sol dans le trou, en le raffermissant doucement mais sans le tasser.

Étape 4 : valeur de l'eau et ajout de paillis

Trempez soigneusement le sol autour de vos fleurs nouvellement plantées. Les fleurs de jardin ont généralement besoin de 1 à 2 pouces d'humidité chaque semaine pour bien fonctionner, donc arrosez si vous ne recevez pas assez de pluie. Il est préférable d'arroser légèrement et moins souvent que peu et le plus souvent les racines des plantes poussent. Évitez de garder le sol gorgé d'eau ou les racines de vos plantes à fleurs pourraient pourrir. Une couche de paillis comme de l'écorce déchiquetée autour de vos nouvelles plantes aidera à ralentir l'évaporation et à réduire la fréquence à laquelle vous avez besoin d'arroser.

Étape 5 : Mort et entretien de vos fleurs

Lorsque vos plantes à fleurs commencent à fleurir, n'hésitez pas à les couper pour en faire des bouquets. Coupez les têtes de fleurs épuisées pour encourager la plante à mettre plus d'énergie dans son feuillage et sa survie à l'hiver. Certaines fleurs, y compris les zinnias, les dahlias et d'autres, refleurissent lorsque vous enlevez les fleurs. Clir ou rayer n'importe quel feuillage brun pour un look plus propre. Les quotidiens bénéficient en particulier de l'élimination des vieilles feuilles.

Fleurs à cultiver pour un jardin de coupe à domicile

Il s'agit actuellement d'un style de conception très courant pour les mariages. Manu s'est peut-être éloigné des fleurs de mariage traditionnelles telles que les roses ou les lys et demande un amour sauvage et non structuré c'est pour l'art floral créé pour leur mariage. Si vous êtes également un fan du naturel et du non structuré, vous savez que la plupart des vraies fleurs sauvages ne font pas de bonnes fleurs coupées, car elles n'ont pas été sélectionnées pour être coupées ou mises en vase. l'olérance. Si vous cherchez un jardin de fleurs sauvages, voici quelques types de fleurs à planter pour ajouter à cette sensation sauvage et naturelle à l'intérieur et à l'extérieur.

Fleur coupée cosmos

Les cosmos sont un favori de longue date des jardiniers amateurs, et beaucoup d'entre eux nécessitent peu d'efforts pour une récompense élevée. Cosmos peut être grand ou petit, fleurir pendant une longue saison et varier en couleur du blanc au clair en passant par les oranges et les roses. et violet à une couleur de vin de cerf. Un Soldy HA traditionnel, Veru Al-Are Banter, MAIS THOVE ARE MANULTUL LOOK - PICOTEE ARE ARE LOK - PICOTEE EDGE Uffled Double Doublled Retal. Tous sont beaux et ajoutent quelque chose d'un peu sauvage à votre jardin ou à votre arrangement.

Laceflower

Belle, éthérée et légère comme une plume, la dentelle est la version non invasive et la plus dure de la dentelle de la reine Anne. Apprécié à la fois pour son blanc plumeux de petites fleurs et pour son feuillage dentelé et fougueux, le lasflower apporte ce sauvage, cueilli dans l'hydromel ows se sentent à un lit de jardin ou un sut arrr Ангемент. La fleur de dentelle est grande, facile à cultiver et attire les insectes bénéfiques dans votre jardin. Cela fonctionne très bien dans les arrangements fraîchement coupés ou séchés.

L'amour dans la brume

Love-in-a-mist, également connu sous le nom de nigelle, se développe dans des tons de blanc à bordeaux, rose, violet, bleu vrai et bleu violet foncé. Il présente un feuillage léger et plumeux et magnifiquement, suivi d'un pod de forme inhabituelle strié de vert et de marron foncé qui ajoute un intérêt visuel à arrangement coupé ou séché. L'amour dans la brume est difficile, préfère le temps frais et fleurit rapidement une fois établi. C'est aussi une plante résistante aux cerfs.

Vérone

Une fleur voyante avec des nuances de blanc, de rose ou de violet, la véronique est une excellente plante vivace pour votre fleur sauvage. couper le jardin. Couper la véronique dure longtemps et de nombreuses variétés fleuriront plusieurs fois d'affilée si les fleurs sont coupées. Chaque fleur mesure 1 à 3 pouces de hauteur sur une tige de 12 à 30 pouces, se décompose en une variété et ajoute de la dimension et du mouvement à un arrangement sut. Veronica est à la fois résistante aux cerfs et aux lapins, et attire les bêtes, les papillons et les colibris.

Achillée

L'achillée millefeuille a été utilisée à diverses fins dans le monde entier et pendant une grande partie de l'histoire humaine à des fins médicales et agricoles. L'achillée millefeuille produit des bouquets plats de petites fleurs dans des tons de blanc et de crème, de bleu vif et de rose, de pêche et d'orange au rouge de cerf s et violets.

L'achillée peut pousser dans les climats tempérés, les températures élevées et tolère à la fois la chaleur et la sécheresse. Attirante pour les papillons et les insectes bénéfiques, l'achillée est également résistante aux cerfs et aux lapins. Les fleurs poussent sur de longues tiges et se fondent magnifiquement dans des arrangements coupés frais ou séchés.

CONCLUSION

Les jardins de fleurs coupées peuvent être aussi petits que quelques contenants sur votre terrasse ou aussi grands qu'un champ. Si vous avez toujours rêvé d'avoir un magnifique jardin fleuri, c'est le moment de le réaliser. Commencer un jardin de fleurs est à la fois amusant et gratifiant. Un jardin de fleurs décoré dans un style rustique peut ajouter une touche belle et accueillante à votre cour. Vous pouvez créer un charmant jardin de fleurs rustique même dans un très petit espace, avec un peu de planification. Commencez par créer une pelouse rugueuse pour votre jardin. Choisissez des plantes qui peuvent pousser dans votre climat et l'espace dont vous disposez. Une fois que vous avez planté votre jardin, essayez quelques techniques décoratives simples pour ajouter une touche rustique

www.ingramcontent.com/pod-product-compliance
Lightning Source LLC
Chambersburg PA
CBHW061724250726

48657CB00002B/752